Bilder sehen · Wörter verstehen

ERSTE WÖRTER
BERÜHMTE BILDER

LUCY MICKLETHWAIT

arsEdition

Für Walter und Molly

Ein Dorling-Kindersley-Buch

Ins Deutsche übertragen von Aylin Langreuter und Lea Schmidbauer

Printed in Italy
ISBN 3-7607-7776-7

Inhalt

Vorwort an Eltern und Lehrer

Es ist nie zu früh, Kinder mit Kunst bekannt zu machen. Als meine Kinder noch sehr klein waren, schnitt ich Bilder von Gemälden aus Zeitschriften aus und tapezierte damit die Wände meiner Küche vom Boden bis zur Decke. Die interessantesten hängte ich in Krabbelhöhe oder in Reichweite des Kinderstühlchens. Wenn Kinder so zuhause und später im Klassenzimmer mit Kunst in Berührung kommen, können sie mit ihr vertraut werden und auch anfangen, sie zu schätzen.

Eltern und Lehrer hatten schon immer große Freude daran, zusammen mit ihren Kindern etwas über Kunst zu lernen. Es gibt keinen besseren Führer als ein Kind, denn Kinder betrachten jedes Bild vorurteilsfrei und ehrlich; sie sehen geradeheraus auf das Bild und reagieren instinktiv. Für sie spielt es keine Rolle, von wem ein Bild ist oder wie berühmt es ist. Das Werk eines italienischen Meisters wird nach denselben Kriterien berurteilt, wie das eines Amateurs. Mit Kindern Kunst zu betrachten ist erfrischend, aufregend und oft auch ungeheuer lustig. Älter geworden, verlernen wir leicht die Fähigkeit, einfach im Vertrauen auf das, was wir sehen, zu reagieren; Kinder können uns helfen, diesen klaren Blick wieder zu bekommen.

Schauen Sie auf diese Bilder wie auf die in jedem anderen Bilderbuch. Suchen Sie nach Details, sprechen Sie über die Farben, die Kleider, das Wetter oder darüber, was Sie bei einem Bild empfinden. Babys reagieren oft auf sehr detaillierte Bilder mit klaren Linien, Farben und Formen. Kleinen Kindern macht es Spaß, die Geräusche der abgebildeten Tiere nachzuahmen oder über die Formen und Farben abstrakter Bilder zu sprechen. Älteren Kindern wiederum gefällt vielleicht der Eindruck von Räumlichkeit, den ihnen ein japanischer Druck vermittelt, oder die Ahnung des Frühlings in einem impressionistischen Gemälde.

Die Geschichte der Kunst bietet eine Vielzahl von Gelegenheiten für Gespräche und dafür, den Wortschatz und das Wissen eines Kindes zu erweitern. Bei der Auswahl der Bilder für dieses Buch habe ich mich auf meinen Instinkt verlassen, auf meine Erfahrung mit Bilderbüchern und auf die Meinung vieler Kinder, die mir im Laufe der Zeit gesagt haben, was ihnen am besten gefällt. Skulpturen würden wohl zuviel von ihrem Zauber einbüßen, wenn man sie einfach abbildet. Deshalb versammelt dieses Buch nur zweidimensionale Kunstwerke.

Mit dieser Kunstsammlung in Buchform kann ein Kind groß werden. Auf den Seiten 62-64 findet der Leser weiterführende Informationen über die Bilder und Künstler. Für eine Einführung in die Kunstgeschichte brauchen wir jedoch nichts weiter, als die Bilder selbst. Durch ihre Betrachtung allein können Kinder vieles lernen. Sie werden verschiedene Bilder desselben Künstlers finden, die Unterschiede in Stil und Technik entdecken und lernen, die Kunstwerke zeitlich einzuordnen. Die wertvolle Gabe zu betrachten, zu entdecken und sich eigene Gedanken zu machen, gilt es zu pflegen und zu fördern. Nur damit wird es Kindern möglich, ein wahres Verständnis für Kunst zu entwickeln. Später werden sie sich dann vielleicht genauer informieren wollen, um ihr Wissen noch zu erweitern.

Die Kunst ist erfüllt vom Zauber und der Weisheit der Jahrhunderte. Indem wir unseren Kindern die Augen dafür öffnen, helfen wir ihnen, die Welt in der sie leben, besser zu verstehen und mehr zu schätzen, ebenso wie die Menschen, mit denen sie sie teilen.

Lucy Micklethwait

Die Familie

Die Familie des Jan-Baptista Anthoine, 1664 Gonzales Coques

Mutter

Vater

Kinder

Brüder

Die kleinen Prinzen im Tower von London (Detail), 1878, John Everett Millais

Schwestern

Die Calmady-Kinder: Emily (1818-1906) und Laura Anne (1820-1894), Thomas Lawrence

Bruder und Schwester

John Parker mit seiner Schwester Theresa, 1779, Joshua Reynolds

Zu Hause

Im Schlafzimmer

Schlafzimmer in Arles, 1889, Vincent van Gogh

Im Badezimmer

Frau im Waschzuber, sich den linken Fuß waschend, 1883, Edgar Degas

Im Eßzimmer

Bildnis des William Brooke und seiner Familie, 1567, dem Meister der Gräfin von Warwick zugeschrieben

In der Küche

Schlafende Küchenmagd, 1655, Nicolaes Maes

Im Garten

Die Blumen gießen

Mädchen mit Gießkanne, 1876, Auguste Renoir

Lesen

Paradiesgärtlein, ca.1410, Meister vom Oberrhein

Obst pflücken

Musizieren

Wasser schöpfen

Haustiere

Hund

Jane Bowles (Detail),
1775, Joshua Reynolds

Kaninchen

Knabe mit Kaninchen,
ausgestellt 1816, Henry Raeburn

Esel

Paul auf dem Esel,
1923, Pablo Picasso

Kätzchen

Mädchen mit Katze,
1745, Jean Baptiste Perronneau

Papagei

Papagei vor seinem Käfig, Cornelis Biltius

Tiere auf dem Bauernhof

Der Hof

Das Gehöft des David Twining, 1787, ca.1846, Edward Hicks

Mutterschaf und Lämmchen

Cheviot-Schaf mit Lamm, ca.1835, William Shiels

Ferkel

Schweinehirtin, vor 1782, Thomas Gainsborough

Landschaft mit Bulle und Kuh, 1895-1900, Henri Rousseau

Ochse und Kuh

Wilde Tiere

Der Hase, 1502, Albrecht Dürer

Hase

Schildkröte

Schildkröte, 17. Jahrhundert,
aus einer türkischen Handschrift

Känguruhs und
eine Eidechse

Känguruhs, 20. Jahrhundert,
Detail einer Rindenmalerei der Aborigines

Tiger

Gewitter im Dschungel, 1891, Henri Rousseau

Viele Tiere

Der Rabe spricht zu den versammelten Tieren,
Illustration zu einer persischen Fabel, ca.1590, Indien

Vögel

Vogel-
schwarm

Vogelschwarm, 1820, Sato Suiseki

Kakadu,
Kranich,
Dompfaff
und Drossel

Indischer Kranich, Kakadu, Dompfaff und Drossel,
ca.1880, Henry Stacy Marks

Adler

Adler über Fukagawa, 1856-1859, Utagawa Hiroshige

Gänse

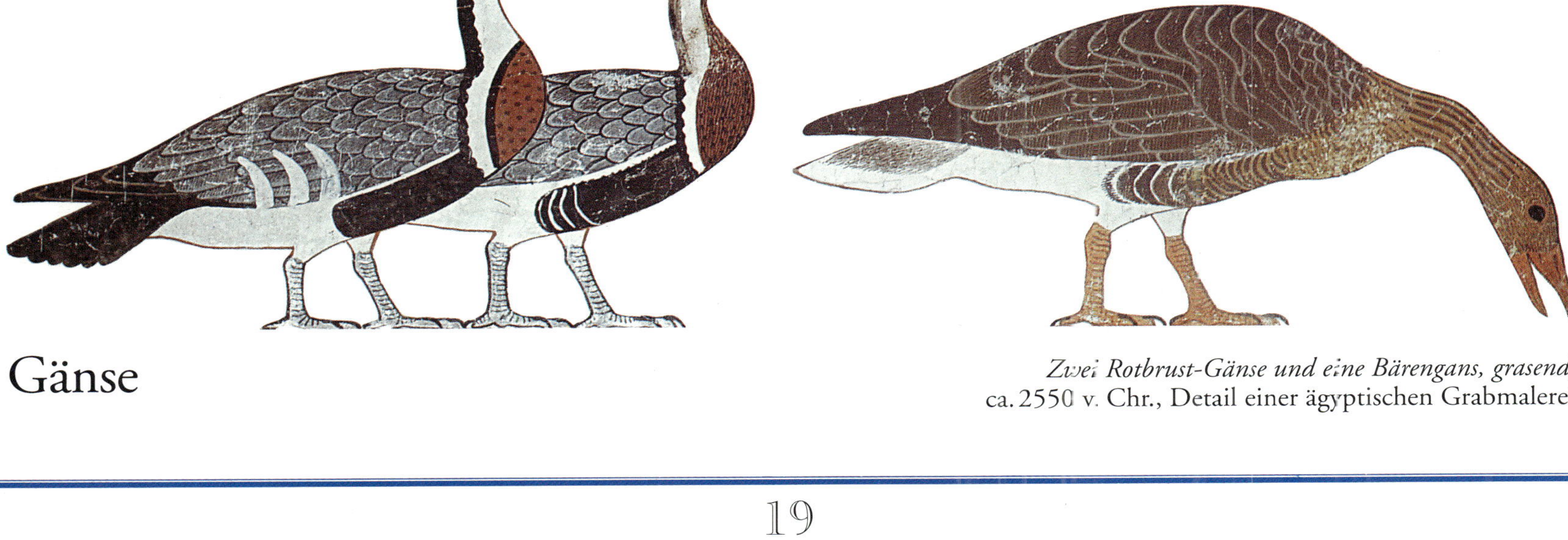

Zwei Rotbrust-Gänse und eine Bärengans, grasend,
ca. 2550 v. Chr., Detail einer ägyptischen Grabmalerei

Obst

Ein Früchtekorb

Früchtekorb, ca.1596, Caravaggio

Äpfel, Birnen
und Trauben

Blumen und Obst, 1865, Henri Fantin-Latour

Pflaumen, Pfirsiche und Kirschen

Pflaumen und Pfirsiche,
Jacob van Hulsdonck

Orangen und Zitronen

Stilleben mit Orangen, Zitronen und Rose,
1633, Francisco de Zurbarán

Dinge, die Spaß machen

Lesen

Jungfrau Maria, Detail aus dem Genfer Altar,
ca.1426-1427, Hubert und Jan van Eyck

Schreiben

Briefschreiberin,
ca.1655, Gerard ter Borch

Zeichnen

Der Sohn des Künstlers, Jean, malend, 1901, Auguste Renoir

Malen

Selbstbildnis der Künstlerin, 1791,
Louise Elisabeth Vigee-Lebrun

Weiter, schneller, höher

Tanzen

Zwei Mädchen, sich an den Händen fassend, tanzen einen Kathak (Detail), ca. 1675, Indien

Reiten

Der Jockey, 1899, Henri Toulouse-Lautrec

Schwimmen

Le Plongeur (Der Taucher), 1978, David Hockney

Rennen

Wettlauf, ca. 530 v. Chr., griechische Vasenmalerei

Schaukeln

Die Schaukel, 1767, Jean-Honoré Fragonard

Zählen

1

Ein Junge *Der Pfeifer,* 1866, Edouard Manet

2

Zwei Engel *Putten, aus: Madonna mit Kind und Heiligen,* ca. 1518, Rosso Fiorentino

3

Drei Mädchen *Portrait dreier Mädchen,* Kreis um Robert Peake

4

Vier Schwestern

Die Töchter des Matthew Decker Bart., 1718, Jan de Meyer

5

Fünf Kinder und ein Hund

Die fünf Kinder König Karls I., 1637, Anthony van Dyck

Farben

Schwarze Kleider

Portrait eines Mädchens, vielleicht Magdalena Luther, ca.1520, Lucas Cranach d. Ältere

Weiße Kleider

Paul als Pierrot, 1925, Pablo Picasso

Gelbe Sonnenblumen

Mädchen mit Sonnenblumen, 1941, Diego Rivera

Rotes Zimmer

Rotes Interieur (Innenraum), Stilleben auf blauem Tisch, 1947, Henri Matisse

Noch mehr Farben

Grünes Gras

Ein Rasensprenger, 1967, David Hockney

Blaues Meer

Cap d'Antibes, 1888, Claude Monet

Succession (Abfolge), 1935, Wassily Kandinsky

Viele Farben

Formen

Elektrische Prismen, 1914, Sonia Delaunay

Kreise

Dreiecke
und Quadrate

Komposition, 1918-1920, Bart van der Leck

Pompeii, 1959, Hans Hofmann

Rechtecke

Gegensätze

Groß und klein

Würde und Frechheit, 1839, Edwin Landseer

Fröhlich

Traurig

Miniaturportraits zweier junger Mädchen,
1590, Isaac Oliver

Wach

Meine erste Predigt,
1863, John Everett Millais

Eingeschlafen

Meine zweite Predigt,
1864, John Everett Millais

Jung
und alt

Ein alter Mann mit Kind,
1827, Richard Parkes Bonington

Noch mehr Gegensätze

Treppauf,
treppab

Treppenhaus, 1951, M.C. Escher

Auf der Brücke, unter der Brücke

Abendliche Szene während des Lampionfests,
ca.1827-1830, Katsushika Hokusai

Die Jahreszeiten

Frühling

Frühling, 1886, Claude Monet

Sommer

Weizenfeld mit einem Schnitter, 1889, Vincent van Gogh

Herbst

Herbstlaub, 1856, John Everett Millais

Winter

Jäger im Schnee,
1565, Pieter Bruegel d. Ältere

Das Wetter

Verregnet

Regenschauer auf der Ohashi Brücke,
ca. 1857, Utagawa Hiroshige

Verschneit

Winter, 1586, Lucas van Valckenborch

Windig

Wind in Yeigiri, ca. 1823-1829, Katsushika Hokusai

Sonnig

Frühlingsmorgen, James Tissot

Am Meer

Im Sand spielen

Kinder spielen am Strand, 1884, Mary Cassatt

Im Freien

Juli am Meer, 1943, L.S. Lowry

Im Wasser plantschen

Ein Ferientag, 1915, Edward Potthast

Gesichter

Gesicht, seitlich gesehen

Der tote König Amenophis I., ca. 1050 v. Chr., Detail einer ägyptischen Sargmalerei

Gesicht, von der Seite und von vorn gesehen

Der Seemann, 1938, Pablo Picasso

Flaches Gesicht

Der Braunbär, 19. Jahrhundert, Detail eines Tlingit-Zeremoniengewandes

Magische Gesichter

Magischer Kalender (Detail), vor 1520, aztekische Buchmalerei

Furchterregendes Gesicht

Der Kabuki Mime Nakamura Utaemon in der Rolle eines Samurai, 1825, Shunkosai Hokushu

Die fünf Sinne

Sehen

Mutter und Kind, ca. 1905, Mary Cassatt

Hören

Lauschendes Mädchen, um 1780, Jean-Baptiste Greuze

Riechen

Geruch, aus der Serie *Die fünf Sinne*, 1637, Jan Molenaer

Schmecken

Herr und Dame beim Wein, ca. 1660, Jan Vermeer

Tasten

Die Erschaffung des Adam (Detail), 1511, Michelangelo

Sechs Arten zu verreisen

Die Diplomaten, 1939, Peter Purves Smith

Im Auto und im Flugzeug

Auf dem Elefanten

Ein Mahout reitet einen Elefanten (Detail), 17. Jahrhundert, Indien

Der Karren des Père Juniet, 1908, Henri Rousseau

In der Kutsche

Mit dem Fahrrad

Die Rast, Louis David gewidmet, 1948-1949, Fernand Léger

Im Zug

Boston und Nord Chungahochie Express, nach 1919, unbekannt, USA

Mit dem Schiff fahren

Fischerboote

Der Fuji, gesehen durch ein Fischernetz an einem klaren Tag,
ca. 1843, Utagawa Kuniyoshi

Kahn mit Fahrgästen

Der Monat Mai, ca. 1540, Simon Benninck

Segelboot

Eule und Miezekatze, 1981-1983, Peter Blake

Kanus

Szene am Tana See, 20. Jahrhundert, Äthiopien

Bei der Arbeit

Aussaat im Oktober, ca.1415, Brüder von Limburg

Land bestellen

Kochen

Die Geburt Christi, Joseph beim Kochen (Detail), 1404, Konrad von Soest

Mauern

Steinmetze bauen eine Mauer um die Stadt (Detail), 15. Jahrhundert, aus: *Die Stadt der Frauen* von Christine de Pisan

Lehren und lernen

Die Landschule, 1871, Winslow Homer

Beim Spielen

Karten-
spielen

Der Falschspieler, wahrsch. um 1620, Georges de La Tour

Spielendes Kind, 1876, Thomas Eakins

Spielzeug

Sport

Badminton, 1972-1973, David Inshaw

Musik

Gitarre spielender Cupido, ca.1520, Rosso Fiorentino

Beim Essen

Frühstück

Madonna mit Kind, ca. 1510-1515, Gerard David

Ein Mitglied der Familie, 1880, F. G. Cotman

Mittagessen

Abendessen

Der König von Portugal und John of Gaunt,
15. Jahrhundert, aus einer französischen Handschrift

Schlafenszeit

Ausruhen

Schläfer auf der Mauer, 1957, L.S. Lowry

Träumen

Flammender Juni, ausgestellt 1895, Frederic Leighton

Dösen

Schlafender Cupido (Detail),
wahrsch. um 1620, Guido Reni

Schlafen

Katze schläft unter Pfingstrosen (Detail),
ca. 1800, japanische Schriftrolle

Friede

Das Königreich des Friedens, ca.1834, Edward Hicks

»Dann wohnt der Wolf beim Lamm,
und der Panther liegt beim Böcklein.
Kalb und Löwe weiden zusammen,
ein kleiner Knabe wird sie hüten.«

Jesaja, 11, 6

Verzeichnis der Bilder

Die Familie

6: *Die Familie des Jan-Baptista Anthoine*, 1664
Gonzales Coques, 1614 oder 1618-1684, Flamen
Öl auf Kupfer
56,5 x 73,5 cm
Royal Collection, St. James Palace, London

7: *Die kleinen Prinzen im Tower von London* (Detail), 1878
John Everett Millais, 1829-1896, Großbritannien
Öl auf Leinwand
147,3 x 91,4 cm
Royal Holloway and Bedford New College, Surrey

7: *Die Calmady Kinder (Emily und Laura Anne)*, 1823
Thomas Lawrence, 1769-1830, Großbritannien
Öl auf Leinwand
78,4 x 76,5 cm
Metropolitan Museum of Art, New York
Aus dem Nachlaß von Collis P. Huntington, 1925

7: *John Parker mit seiner Schwester Theresa*, 1779
Joshua Reynolds, 1723-1792, Großbritannien
Öl auf Leinwand
142 x 111 cm
National Trust, Saltram, Devon

Zu Hause

8: *Schlafzimmer in Arles*, 1889
Vincent van Gogh, 1853-1890, Niederlande
Öl auf Leinwand
56,5 x 74 cm
Musée d'Orsay, Paris

8 *Frau im Waschzuber, ihren linken Fuß waschend*, 1883
Edgar Degas, 1834-1917, Frankreich
Pastellkreide auf Papier
19,7 x 41 cm
Musée d'Orsay, Paris

9: *Bildnis des William Brooke und seiner Familie*, 1567
Zugeschrieben dem Meister der Gräfin von Warwick, zwischen 1560 und 1570
Öl auf Holz
92,4 x 119,9 cm
Longleat House, Wiltshire

9: *Schlafende Küchenmagd*, 1655
Nicolaes Maes, 1634-1693, Niederlande
Öl auf Eiche
70 x 53,3 cm
National Gallery, London

Im Garten

10: *Mädchen mit Gießkanne*, 1876
Auguste Renoir, 1841-1919, Frankreich
Öl auf Leinwand
100 x 73,2 cm
National Gallery of Art, Washington, D.C.
Chester Dale Sammlung

11: *Paradiesgärtlein*, ca. 1410
Meister vom Oberrhein
Tempera auf Holz
26,3 x 33,4 cm
Städel'sche Sammlungen, Frankfurt a. M.

Haustiere

12: *Jane Bowles* (Detail), 1775
Joshua Reynolds, 1723-1792, Großbritannien
Öl auf Leinwand
91 x 70,9 cm
Wallace Collection, London

12: *Knabe mit Kaninchen*, 1816
Henry Raeburn, 1756-1823, Großbritannien
Öl auf Leinwand
102 x 79 cm
Royal Academy of Arts, London

12: *Paul auf dem Esel*, 1923
Pablo Picasso, 1881-1973, Spanien
Öl auf Leinwand
100,7 x 81,6 cm
Collection Bernard Picasso, Paris

13: *Mädchen mit Katze*, 1745
Jean Baptiste Perronneau, 1715-1783, Frankreich
Pastellkreide auf Papier
59,1 x 49,8 cm
National Gallery, London

13: *Papagei vor seinem Käfig*
Cornelis Biltius, tätig 1654-1673, Niederlande
Öl auf Leinwand
60,5 x 84,5 cm
Privatbesitz

Tiere auf dem Bauerhof

14: *Das Gehöft des David Twining aus dem Jahre 1787*, ca.1846
Edward Hicks, 1780-1849, USA
Öl auf Leinwand
67,3 x 80 cm
Abby Aldrich Rockefeller Folk Art Center, Williamsburg, Virginia

14: *Cheviot-Schaf mit Lamm*, ca. 1835
William Shiels, 1785-1857, Großbritannien
Öl auf Leinwand 101 x 138 cm
National Museum of Antiquities of Scotland, Edinburgh

15: *Schweinehirtin*, vor 1782
Thomas Gainsborough, 1727-1788, Großbritannien
Öl auf Leinwand
129,5 x 152,4 cm
Castle Howard Collection, Yorkshire

15: *Landschaft mit Bulle und Kuh*, 1895-1900
Henri Rousseau, 1844-1910, Frankreich
Öl auf Leinwand
50,6 x 65 cm
Philadelphia Museum of Art
Louise und Walter Arensberg Sammlung

Wilde Tiere

16: *Der Hase*, 1502
Albrecht Dürer, 1471-1528, Deutschland
Wasserfarbe auf Papier
25,1 x 22,6 cm
Albertina, Wien

16: *Schildkröte*, 17. Jahrhundert
Illustration aus einer türkischen Handschrift
Wasserfarbe auf Papier
33,5 x 20,4 cm (Seite),
5,4 x 11,2 cm (Schildkröte)
Jüdische National- und Universitätsbibliothek, Jerusalem

16: *Känguruhs und eine Eidechse*, 20. Jahrhundert
Detail aus einer Rindenmalerei der Aborigines, Australien
Natürliche Pigmente auf Rinde
Privatbesitz

16: *Gewitter im Dschungel*, 1891
Henri Rousseau, 1844-1910, Frankreich
Öl auf Leinwand
130 x 162 cm
National Gallery, London

17: *Der Rabe spricht zu den versammelten Tieren*, ca.1590
Illustration zu einer persischen Fabel, Indien, Mughal Schule
Guasch auf Papier
27 x 19,4 cm
British Museum, London

Vögel

18: *Vogelschwarm*, aus dem Bilderalbum *Suiseki Gafu Nihen*, 1820
Sato Suiseki, tätig 1806-1840, Japan
Farbholzschnitt
25,8 x 17,7 cm (Seite),
24,5 x 14,3 cm (einzelne Darstellungen)
British Museum, London

18: *Indischer Kranich, Kakadu, Dompfaff und Drossel*, ca. 1880
Henry Stacy Marks, 1829-1898, Großbritannien
Öl auf Leinwand
122 x 81 cm
Privatbesitz

19: *Adler über Fukagawa*, 1857
Utagawa Hiroshige, 1797-1858, Japan
Farbholzschnitt
35,8 x 23,5 cm
British Museum, London

19: *Zwei Rotbrust-Gänse und eine Bärengans, grasend*, ca. 2550 v. Chr.
Fries der Grabstätte von Itet in Meidum (Detail), 4. Dynastie, Ägypten
Malerei auf Gips
Höhe der abbgebildeten Darstellung ca. 24,4 cm
Ägyptisches Museum, Kairo

Obst

20: *Früchtekorb*, ca. 1596
Caravaggio (eigentlich Michelangelo Merisi), 1573-1610, Italien
Öl auf Leinwand
46 x 64,5 cm
Pinacoteca Ambrosiana, Mailand

20: *Blumen und Früchte*, 1865,
Henri Fantin-Latour, 1836-1904, Frankreich
Öl auf Leinwand
64 x 57 cm
Musée d'Orsay, Paris

21: *Pflaumen und Pfirsiche*
Jacob van Hulsdonck, 1582-1647, Flamen
Öl auf Kupfer
28,8 x 35 cm
Privatbesitz

21: *Stilleben mit Zitronen, Orangen und Rose*, 1633
Francisco de Zurbaràn, 1598-1664, Spanien
Öl auf Leinwand
61,6 x 109,2 cm
Norton Simon Museum, Pasadena, Kalifornien

Dinge, die Spaß machen

22: *Jungfrau Maria* (Detail), *Genfer Altar*, ca. 1426-1427
Hubert van Eyck, gest. ca. 1426, und Jan van Eyck, tätig 1422, gest. 1441, Niederlande
Öl auf Holz
168,7 x 74,9 cm
St. Bavo, Genf

23: *Briefschreiberin*, ca.1655
Gerard ter Borch, 1617-1681, Niederlande
Öl auf Holz
39 x 29,5 cm
Mauritshuis, Den Haag

23: *Der Sohn des Künstlers, Jean, malend*, 1901
Auguste Renoir, 1841-1919, Frankreich
Öl auf Leinwand
45,1 x 54,5 cm
Virginia Museum of Fine Arts, Richmond
Sammlung von Mr. und Mrs. Paul Mellon

23 *Selbstbildnis der Künstlerin*, 1791
Louise Elisabeth Vigee-Lebrun, 1755-1842, Frankreich
Öl auf Leinwand
99 x 80,6 cm
National Trust, Ickworth, Suffolk

Weiter, schneller, höher

24: *Zwei Mädchen, sich an den Händen fassend, tanzen einen Kathak Tanz* (Detail), ca. 1675
Indien, Munghal Schule
Guasch auf Papier
22,4 x 14,1 cm
Victoria and Albert Museum, London

24: *Der Jockey*, 1899
Henri Toulouse-Lautrec, 1864-1901, Frankreich
Farblithographie
51,5 x 36,3 cm
National Gallery of Victoria, Melbourne
Felton Nachlaß

24: *Le Plongeur* (Der Taucher), Nr. 18 der *Paper Pools* Serie, 1978
David Hockney, geb. 1937, Großbritannien
Farbe und Pappmache
183 x 434 cm
Hockney Gallery, Saltaire, Bradford
Leihgabe der Bradford Art Galleries and Museums

25: *Wettlauf*, ca. 530 v. Chr.
Detail einer schwarz-figurigen Preis-Amphore, zugeschrieben dem Euphiletos Maler, Griechenland
Terracotta
Höhe der Amphore 62,2 cm
Metropolitan Museum of Art, New York
Rogers Fund 1914

25: *Die Schaukel*, 1767
Jean-Honore Fragonard, 1732-1806, Frankreich
Öl auf Leinwand
83 x 66 cm
Wallace Collection, London

Zählen

26: *Der Pfeifer*, 1866
Edouard Manet, 1832-1883, Frankreich
Öl auf Leinwand
164 x 97 cm
Musée d'Orsay, Paris

26: *Putten*, Detail aus: *Madonna mit Kind und Heiligen*, ca. 1518
Rosso Fiorentino, 1494-1540, Italien
Öl auf Holz
172 x 141 cm
Uffizien, Florenz

26: *Portrait dreier Mädchen*
Kreis um Robert Peake, tätig 1598, gest. ca.1626, Großbritannien
Öl auf Holz
85 x 117 cm
Privatbesitz

27: *Die Töchter des Matthew Decker Bart*, 1718
Jan de Meyer, ca. 1696- 1740, Niederlande
Öl auf Leinwand
77,8 x 66,1 cm
Fitzwilliam Museum, Cambridge

27: *Die Kinder König Karls des I.*, 1637
Anthony van Dyck, 1599-1641, Flamen
Öl auf Leinwand
163,2 x 198,8 cm
Royal Collection, St. James's Palace, London

Farben

28: *Portrait eines Mädchens, vielleicht Magdalena Luther*, ca. 1535
Lucas Cranach der Ältere, 1472-1553, Deutschland
Öl auf Holz
41 x 26 cm
Louvre, Paris

28: *Paul als Pierrot*, 1925
Pablo Picasso, 1881-1973, Spanien
Öl auf Leinwand
130 x 97 cm
Musee Picasso, Paris

28: *Mädchen mit Sonnenblumen*, 1941
Diego Rivera, 1886-1957, Mexiko
Öl auf Leinwand
92,5 x 74,5 cm
Privatbesitz

29: *Rotes Interieur, Stilleben auf blauem Tisch*, 1947
Henri Matisse, 1869-1954, Frankreich
Öl auf Leinwand
116 x 89 cm
Kunstsammlung Nordrhein-Westfalen, Düsseldorf

Noch mehr Farbe

30: *Ein Rasensprenger*, 1967
David Hockney, geb. 1937, Großbritannien
Acryl auf Leinwand
122 x 122 cm
Privatbesitz

31: *Antibes*, 1888
Claude Monét, 1840-1926, Frankreich
Öl auf Leinwand
65,5 x 92,4 cm
Courtauld Institute Galleries, London

31: *Succession*, 1935
Wassily Kandinsky, 1866-1944, Rußland
Öl auf Leinwand
78,7 x 99 cm
Philips Collection, Washington D.C.

Formen

32: *Elektrische Prismen*, 1914
Sonia Delaunay, 1885-1979, geb. in Rußland, seit 1905 in Frankreich
Öl auf Leinwand
250 x 250 cm
Musée National d'Art Moderne, Paris

32: *Komposition*, 1918-20
Bart van der Leck, 1876-1958, Niederlande
Öl auf Leinwand
101 x 100 cm
Stedelijek Museum, Amsterdam

33: *Pompeii*, 1959
Hans Hofmann, 1880-1966, geb. in Deutschland, lebte seit 1941 in den USA
Öl auf Leinwand
214 x 147,6 cm
Tate Gallery, London

Gegensätze

34: *Würde und Frechheit*, 1839
Edwin Landseer, 1803-1873, Großbritannien
Öl auf Leinwand
88,9 x 69,2 cm
Tate Gallery, London

34: *Miniaturporträts zweier junger Mädchen*, 1590
Isaac Oliver, gest.1617, geb. in Frankreich, lebte in England
Körperfarbe, auf Pappe aufgezogenes Pergament
5,1 x 3,2 cm
Victoria and Albert Museum, London

35: *Meine erste Predigt*, 1863
John Everett Millais, 1829-1896, Großbritannien
Öl auf Leinwand
92 x 76,9 cm
Guildhall Art Gallery, Corporation of London

35: *Meine zweite Predigt*, 1864
John Everett Millais, 1829-1896, Großbritannien
Öl auf Leinwand
97,1 x 71,8 cm
Guildhall Art Gallery, Corporation of London

35: *Ein alter Mann mit Kind*, 1827
Richard Parkes Bonington, 1802-1828, Großbritannien
Wasserfarbe auf Papier
19,1 x 13,9 cm
Wallace Collection, London

Noch mehr Gegensätze

36: *Treppenhaus*, 1951
M.C. Escher, 1898-1972, Niederlande
Lithographie
47 x 24 cm
Gemeentemuseum, Den Haag

37: *Abendliche Szene während des Lampionfests*, aus der Serie *Ansichten berühmter Brücken in verschiedenen Provinzen*, ca. 1834
Katsushika Hokusai, 1760-1849, Japan
Farbholzschnitt
25,7 x 38 cm
Victoria and Albert Museum, London

Die Jahreszeiten

38: *Frühling*, 1886
Claude Monet, 1840-1926, Frankreich
Öl auf Leinwand
64,8 x 80,6 cm
Fitzwilliam Museum, Cambridge

38: *Weizenfeld mit einem Schnitter*, 1889
Vincent van Gogh, 1853-1890, Niederlande
Öl auf Leinwand
74 x 92 cm
Van Gogh Museum, Amsterdam

39: *Herbstlaub*, 1856
John Everett Millais, 1829-1896, Großbritannien
Öl auf Leinwand
104,5 x 74 cm
City Art Gallery, Manchester

39: *Jäger im Schnee*, 1565
Pieter Bruegel der Ältere, geb. ca. 1525/30, gest.1569, Niederlande
Öl auf Holz
117 x 162 cm
Kunsthistorisches Museum, Wien

Das Wetter

40: *Regenschauer auf der Ohashi Brücke*, aus der Serie *100 Ansichten von Edo*, ca. 1857
Utagawa Hiroshige, 1797-1858, Japan
Farbholzschnitt
33,8 x 22 cm
Withworth Art Gallery, Manchester

40: *Winter*, 1586
Lucas van Valckenborch, ca. 1530-1597, Niederlande
Öl auf Leinwand
116,8 x 198,1 cm
Kunsthistorisches Museum, Wien

41: *Wind in Yeigiri*, aus der Serie *36 Ansichten des Fuji*, ca. 1830-35
Katsushika Hokusai, 1760-1849, Japan
Farbholzschnitt
25,9 x 38,2 cm
British Museum, London

41: *Frühlingsmorgen*, ca.1875
James Tissot, 1836-1902, Frankreich
Öl auf Leinwand
62 x 40,5 cm
Privatbesitz

Am Meer

42: *Kinder spielen am Strand*, 1884
Mary Cassatt, 1844-1926, USA
Öl auf Leinwand
97,4 x 74,2 cm
National Gallery of Art, Washington D.C.
Ailsa Mellon Bruce Sammlung

43: *Juli, das Meer*, 1943
L.S. Lowry, 1887-1976, Großbritannien
Öl auf Leinwand
66,7 x 92,7 cm
Arts Council, London

43: *Ein Ferientag*, 1915
Edward Potthast, 1857-1927, USA
Öl auf Leinwand
77,5 x 102,9 cm
Art Institute of Chicago
Friends of American Art Sammlung

Gesichter

44: *Der tote König Amenophis I*, Schutzpatron der thebanischen Handwerker, ca. 1050 v. Chr.
Detail vom Sargboden des thebanischen Beamten Ahmose
21. Dynastie, Ägypten
Malerei auf Holz
ca. 40 x 30 cm
British Museum, London

44: *Der Seemann*, 1938
Pablo Picasso, 1881-1973, Spanien
Öl auf Leinwand
60 x 50 cm
National Gallery, London
Berggruen Sammlung

44: *Der Braunbär*, 19. Jahrhundert
Detail aus einem indianischen Tlingit-Zeremonien-Gewand, Nordwest Küste der USA
Gewebe aus Bergziegenwolle
ca. 12,8 x 15,2 cm (abgebildete Darstellung)
Portland Art Museum, Oregon

45: Detail aus dem *Magischen Kalender* des *Codex Cospi*, eines der heiligen Bücher des alten Mexiko, 1300-1500
Aztekische Buchmalerei, Mexiko
natürliche Pigmente auf Hirschleder
ca. 18 x 18 cm (Ausschnitt), 364 cm (Gesamtlänge)
Biblioteca Universitaria, Bologna

45: *Der Kabuki Mime Nakamura Utaemon III in der Rolle eines Samurai*, aus der Serie *Berühmte Rollen des Utaemon*, 1825
Shunkosai Hokushu, tätig 1808-1832, Japan
Farbholzschnitt
25,2 x 36,8 cm
Victoria and Albert Museum, London

Die fünf Sinne

46: *Mutter und Kind*, ca. 1905
Mary Cassatt, 1844-1926, USA
Öl auf Leinwand
92,1 x 73,7 cm
National Gallery of Art, Washington D.C.
Chester Dale Sammlung

46: *Lauschendes Mädchen*, um 1780
Jean Baptiste Greuze, 1725-1805, Frankreich
Öl auf Mahagoni
48,1 x 39,2 cm
Wallace Collection, London

46: *Geruch*, aus der Serie *Die fünf Sinne*, 1637
Jan Molenaer, geb. ca.1610, gest. 1668, Niederlande
Öl auf Leinwand
19,5 x 24,3 cm
Mauritshuis, Den Haag

47: *Herr und Dame beim Wein*, ca.1660
Jan Vermeer, 1632-1675, Niederlande
Öl auf Leinwand
66,3 x 76,5 cm
Gemäldegalerie Staatliches Museum, Berlin

47: *Die Erschaffung des Adam* (Detail), aus der Decke der Sixtinischen Kapelle, 1511
Michelangelo Buonarotti 1475-1564, Italien
Fresko
ca. 280 x 570 cm
Vatikan, Rom

Sechs Arten zu reisen

48: *Die Diplomaten*, 1939
Peter Purves Smith, 1912-1949, Australien
Öl auf Leinwand
40,5 x 50,5 cm
National Gallery of Australia, Canberra
Geschenk von Lady Casey, 1979

48: *Ein Mahout reitet einen Elefanten* (Detail), 17. Jahrhundert
Indien, Munghal Schule
Zeichnung auf Papier
26,8 x 18,6 cm
Victoria and Alber Museum, London

48: *Der Karren des Pére Juniet*
Henri Rousseau, 1844-1910, Frankreich
Öl auf Leinwand
97 x 129 cm
Musée d'Orsay, Paris

49: *Die Rast, Louis David gewidmet*, 1948-1949
Fernand Léger, 1881-1955, Frankreich
Öl auf Leinwand
154 x 185 cm
Musee National d'Art Moderne, Paris

49: *Boston und Nord Chungahochie Express*, nach 1919, USA
Öl oder Tempera auf Kunststofftafel
47 x 62,3 cm
National Gallery of Art, Washington D.C.
Geschenk von Edgar William und Bernice Chrysler Garbisch

Mit dem Schiff fahren

50: *Der Fuji, gesehen durch ein Fischernetz an einem klaren Tag,* aus der Serie *36 Ansichten des Fuji,* ca. 1843
Utagawa Kuniyoshi, 1797-1861, Japan
Farbholzschnitt
23 x 33,8 cm
Victoria and Albert Museum, London

50: *Der Monat Mai,* ein Blatt des Kalenders aus einem illuminierten Stundenbuch, ca.1540
Simon Benninck, 1483-1561, Niederlande
Körperfarbe auf Pergament
14 x 9,5 cm
Victoria and Albert Museum, London

51: *Eule und Miezekatze,* 1981-83
Peter Blake, geb. 1932, Großbritannien
Öl auf Hartfaserplatte
27,3 x 31,8 cm
City of Bristol Museum and Art Gallery, Bristol

51: *Szene am Tana See, Leute auf dem Weg zu einem Festgottesdienst,* 20. Jahrhundert
Äthiopien
Guasch auf Stoff
75 x 110 cm
Hornimam Museum, London

Bei der Arbeit

52: *Aussaat im Oktober,* aus dem illuminierten Stundenbuch *Les Tres Riches Heures du Duc de Berry,* ca. 1415
Brüder von Limburg, tätig 1401-16, Niederlande
Malerei auf Pergament
29 x 21 cm (Seite),
22,7 x 13,6 cm (abgebildete Darstellung)
Musee Conde, Chantilly

53: *Geburt Christi* (Detail), Linke Flügelinnenseite des Niederwildunger Altars, 1403-04
Konrad von Soest, geb. Anfang 1370, Deutschland
Tempera und Gold auf Holz
73,3 x 55,5 cm
Stadtkirche St. Nikolaus, Bad Wildungen

53: Detail aus: *Steinmetze bauen eine Mauer um die Stadt,* Illustration zur *Stadt der Frauen* aus *Gesammelte Werke der Christine de Pisan,* 15. Jahrhundert
Illuminierte Handschrift, Frankreich
Malerei auf Pergament
35,2 x 28,1 cm (Seite), 10,2 x 9,3 cm (abgebildete Darstellung)
British Library, London

53: *Die Landschule,* 1871
Winslow Homer, 1836-1910, USA
Öl auf Leinwand
54,3 x 97,5 cm
Saint Louis Art Museum, Missouri

Beim Spiel

54: *Der Falschspieler,* wahrsch. um 1620
Georges de la Tour, 1593-1652, Frankreich
Öl auf Leinwand
106 x 146 cm
Louvre, Paris

54: *Spielendes Kind,* 1876
Thomas Eakins, 1844-1916, USA
Öl auf Leinwand
81,9 x 122,8 cm
National Gallery of Art, Washington D.C.
John Hay Whitney Sammlung

55: *Badminton,* 1972-1973
David Inshaw, geb.1943, Großbritannien
Öl auf Leinwand
152,4 x 183,5 cm
Tate Gallery, London

55: *Gitarre spielender Cupido,* ca.1520
Rosso Fiorentino, 1494-1540, Italien
Öl auf Holz
39 x 47 cm
Uffizien, Florenz

Beim Essen

56: *Madonna mit Kind,* ca. 1510-1515
Gerard David, tätig 1485, gest. 1523, Niederlande
Öl auf Holz
35 x 29 cm
Musees Royaux des Beaux-Arts de Belgique, Brüssel

56: *Ein Mitglied der Familie,* 1880
F. G. Cotman, 1850-1920, Großbritannien
Öl auf Leinwand
102,6 x 170,2 cm
Walker Art Gallery, Liverpool

57: *Der König von Portugal und John of Gaunt,* Illustration aus den *Chronicles of England,* Band 3 von Jean de Wavrin, 15. Jahrhundert
Illuminierte Handschrift, Frankreich
Malerei auf Pergament
ca. 45,7 x 33 cm (Seite),
14 x 20,3 cm (abgebildete Darstellung)
British Library, London

Schlafenszeit

58: *Schläfer auf der Mauer,* 1957
L. S. Lowry, 1887-1976, Großbritannien
Öl auf Leinwand
40,7 x 50,9 cm
City of Salford Museums and Art Gallery, Salford

58: *Flammender Juni,* ausgestellt 1895
Frederic Leighton, 1830-1896, Großbritannien
Öl auf Leinwand
120,6 x 120,6 cm
Museo de Arte de Ponce, Puerto Rico

59: *Schlafender Cupido* (Detail), wahrsch. um 1620
Guido Reni, 1575-1642, Italien
Öl auf Leinwand
105,5 x 138,5 cm
Privatbesitz

59: *Katze schläft unter Pfingstrosen* (Detail), ca. 1800
Hängende Schriftrolle, Japan
Tinte und Farben auf Seide
45,5 x 65 cm
British Museum, London

Friede

60: *Das Königreich des Friedens,* ca. 1834
Edward Hicks, 1780-1849, USA
Öl auf Leinwand
76,2 x 90,2 cm
National Gallery of Art, Washington D.C.
Geschenk von Edgar William und Bernice Chrysler Garbisch

Titelseite

Von oben links im Uhrzeigersinn

Gewitter im Dschungel, Seite 16
Amenophis I., Seite 44
Schlafzimmer in Arles, Seite 8
Schildkröte, Seite 16
Zwei junge Mädchen, Seite 34
Kinder am Strand, Seite 42
Jean, malend, Seite 23
Regenschauer, Seite 40
Zwei junge Mädchen, Seite 34
Spielendes Kind, Seite 54

Innentitel

Spielendes Kind, Seite 54
Le Plongeur, Seite 24

Rückseite

Gewitter im Dschungel, Seite 16
Katze, Seite 59
Plaumen und Pfirsiche, Seite 21
Schildkröte, Seite 16
Kinder am Strand, Seite 42
Chungahochie Express, Seite 49
Frühlingsmorgen, Seite 41
Regenschauer, Seite 40
Spielendes Kind, Seite 54

Danksagung

Die Autorin und Herausgeberin dankt folgenden Personen und Institutionen für die freundliche Genehmigung zum Abdruck ihrer Bilder in diesem Buch:

Seite 6-7
Coques: © IM die Königin
Millais: Foto Bridgeman Art Library
Lawrence: © 1992 Metropolitan Museum of Art
Reynolds: © The National Trust 1992
Seite 8-9
Van Gogh: © Foto RMN
Degas: © Foto RMN
Der Meister der Gräfin von Warwick: abgebildet mit Erlaubnis der Marquess of Bath
Seite 10-11
Renoir: © 1992 National Gallery of Art, Washington
Der Meister vom Oberrhein: Foto Artothek
Seite 12-13
Reynolds: Die Träuhänder der Wallace Collection
Picasso: © DACS 1993 / Farbfoto Hans Hinz
Biltius: Foto Bridgeman Art Library / Rafael Valls Gallery, London
Seite 14-15
Shiels: © Die Treuhänder der National Museums of Scotland 1993
Seite 16-17
Dürer: Graphische Sammlung Albertina, Wien
Aboriginal-Rindenmalerei: Foto Werner Forman Archiv
Seite 18-19
H. S. Marks: Foto Bridgeman Art Library
Ägyptische Gänse: Foto Werner Forman Archiv
Seite 20-21
Caravaggio: Foto SCALA
Fantin-Latour: © Foto RMN
Van Hulsdonck: Foto Christies
De Zurbarán: The Norton Simon Foundation F. 1972. 6. P.
Seite 22-23
Van Eyck, Hubert and Jan: Foto Giraudon / Bridgeman Art Library
Ter Borch: © Mauritshuis, Den Haag, Inv. Nr. 797
Vigée-Lebrun: © The National Trust 1991
Seite 24-25
Hockney: © D. Hockney / Foto Bridgeman Art Library
Griechische Amphore: © 1993 Metropolitan Museum of Art
Fragonard: Die Träuhänder der Wallace Collection
Seite 26-27
Manet: © Foto RMN
Fiorentino: Foto SCALA
Kreis um Robert Peake: Foto Sotheby's
Van Dyck: © IM die Königin
Seite 28-29
Cranach: © Foto RMN
Picasso: © DACS 1993 / © Foto RN
Rivera: reproducción autorizada por el Instituto National de Bellas Artes y Literature / Foto © Christies
Matisse: © Succession H. Matisse / DACS 1993
Seite 30-31
Hockney: © D. Hockney / Foto Tradhart
Kandinsky: © ADAGP, Paris und DACS, London 1993
Seite 32-33
Delaunay: © ADAGP, Paris und DACS, London 1993
Van der Leck: © DACS 1993
Hofmann: © Aus dem Nachlaß von Hans Hofmann
Seite 34-35
Millais (beide Bilder): Fotos Bridgeman Art Library
Seite 36-37
Escher: © 1951 M.C. Escher / Cordon Art-Baarn-Holland
Seite 38-39
Van Gogh: Vincent van Gogh Stiftung / Van Gogh Museum, Amsterdam
Seite 40-41
Tissot: Foto Sotheby's
Seite 42-43
Cassatt: © 1992 National Gallery of Art, Washington
Lowry: reproduziert mit freundlicher Genehmigung von Mrs. Carol Ann Danes
Potthast: Friends of American Art Collection, 1915. 560, Foto © 1992, The Art Institute of Chicago
Alle Rechte vorbehalten
Seite 44-45
Picasso: © DACS 1993
Tlingit-Zeremoniengewand: Foto Werner Forman Archiv
Magischer Kalender: Foto Werner Forman Archiv
Seit 46-47
Greuze: Die Träuhänder der Wallace Collection
Molenaer: Foto © Mauritshuis, Den Haag
Vermeer: Foto Jörg P. Anders © BPK, Berlin 1992
Michelangelo: Foto © Nippon Television Network Corporation Tokyo 1992
Seite 48-49
Rousseau: © Foto RMN
Léger: © DACS 1993
Anonymus USA: © 1992 National Gallery of Art, Washington / Foto von José A. Naranjo
Seite 50-51
Blake: © Peter Blake / Foto Bridgeman Art Library
Seite 52-53
Limbourg Brothers: Foto Giraudon / Bridgeman Art Library
Konrad von Soest: Foto Bridgeman Art Library
Seite 54- 55
De la Tour © Foto RMN
Eakins: © 1992 National Gallery of Art, Washington
Fiorentino: Foto Bridgeman Art Library
Seite 56-57
Cotman: The Board of Trustees of the National Museums and Galleries on Merseyside
French MS: Foto Bridgeman Art Library
Seite 58-59
Leighton: Foto Bridgeman Art Library / Maas Gallery, London
Reni: Foto Christies
Seite 60-61
Hicks: © 1992 National Gallery of Art, Washington

Wir haben uns nachdrücklich bemüht, die Inhaber von Bildrechten aller in diesem Buch wiedergegebenen Werke ausfindig zu machen. Sollten wir dennoch bestehende Rechte unwissentlich verletzt haben, so bitten wir deren Inhaber auf diesem Wege sehr freundlich um Entschuldigung.